FACULTÉ DE DROIT DE TOULOUSE.

ACTE PUBLIC

POUR LA LICENCE,

EN EXÉCUTION DE L'ART. 4, TIT. 2, DE LA LOI DU 22 VENTOSE AN 12.

SOUTENU

Par M. CASTELNAU (Léonce-Dominique),

Né à Pau (Basses-Pyrénées).

JUS ROMANUM.

LIB. II. TIT. XV.

Quibus modis testamenta infirmantur.

Constitutum est, testamenti celebrandi gratiâ, ut uno eodem-que tempore, septem testibus adhibitis, et subscriptione tertium signacula testamentis imponerentur.

Sed his omnibus, ex justiniani constitutione, propter testamen-

1

torum sinceritatem, ut nulla fraus adhibeatur, hoc additum est, ut per manum testatoris vel testium, nomen hæredis exprimatur.

Quarumdam conditionum non sufficit observatio, ut valeat testamentum ; sed qui filios in potestate habet curare debet uteos hæredes instituat, vel exhæredes eos nominatim faciat. Postumi quoque liberi, et hi qui posthumorum loco sunt vel hæredes institui, vel exhæredari debent, et omnes quos suprà enumerarimus, modis præscriptis, vel nominatim vel inter cæteros.

Præterea naturaliter testatorem testamenti faciendi jus habere opportet.

Si aliquid his .olemnitatibus omissum est, testamentum nullum est ipso jure, et non nullas habet vires. Hoc testamentum non jure factum appellatur. Attamen in his casibus quùm juris solemnitates durant, bonorum possessionem contra tabulas testamenti hæredi instituto prætor tribuebat. Testamenta valida, jure facta solùm infirmantur.

Testamentum jure factum usque adeo valet, donec rumpatur irritum ve fiat. Primùm ergò videamus quando testamentum ruptum est, deinde quando irritum.

De rupto testamento.

Rumpitur testamentum, quùm in eodem statu manente testatore ipsius testamenti jus vitiatur. Quod duobus modis evenit, per adgnationem sui hæredis, et per confectionem alterius testamenti.

Testamentum per adgnationem sui hæredis rumpitur : cùm parenti mortuo filius adgnascitur, nam legitime conceptos pro natis existimabant. Id circò intestatur pater familias semper moriebatur ; sed ut hoc non evenerit, posteà prudentium responsis et deinde prætoris auctoritate posthumum exhæredari, permissum est.

Adhuc testamentum rumpitur cùm hæres suus post testamentum peractum, et ante mortem testatoris adgnascitur, id accidit, si per id tempus quo nepos, causa morte patris, in avi testatoris familiam loco filii ascenderet. Vivus autem testator testamentum renovare potest. Nihil ominùs lex junia velleia quos posthumorum loco posthumis similes de exhæredatione reddidit.

Si qui post factum testamentum adoptaverit sibi filium per imperatorem eum qui est sui juris, aut per prætorem eum qui in potestate parentis fuerit, testamentum ejus rumpitur quasi adgnatione sui hæredis. Adoptio enim naturam imitatur.

Rumpitur pariter testamentum posteriore testamento. Testamentum est universalis donatio mortis causa; romana lex justè ergò voiuit, considerans quantum est mutabilis voluntas hominum, usque ad mortem testamentum facere et mutare quemque posse. Duo testamenta universalem bonorum donationem ambo continentia simul valere non possunt. Ulterius sine dubio valebit; ulterior enim voluntas auteriorem voluntatem rumpit. Præterea testamentum usque ad mortem perseverare debet.

Non infirmatur primum testamentum à posteriore, nisi illud eadem firmâ juris factum sit. Ex eo solo non potest infirmari testamentum quod posteà testator id noluerit valere. Ita ut, si quis post factum prius testamentum posterius facere cæperit, id que non perfecerit, impedimento quodam, prius valet, nam imperfectum testamentum sine dubio nullum est; nihil que tam naturale quam eo genere quidquid dissolvere quo colligatum est.

Si posterius testamentum est jure factum nec interest, exstiterit aliquis hæres ex eo an non; satis est enim si inspecta voluntate testatoris aliquis hæres esse potuerit, aditio quippe hæreditatis non pertinet ad substantiam testamenti. Ex hoc, illud sequitur, ut qui duo testamenta perfecit, intestatus tamen obire potest, puta; si quis aut noluerit hæres esse, aut vivo testatore, aut post mortem ejus, antequam hæreditatem adiret, decesserit; aut conditione subquâ hæres institus est defectus sit; nam in illis casibus et prius testamentum non valet, ruptum à posteriore, et prius æquè nullas habet vires, cùm ex eo nemo hæres extiterit.

Prius testamentum à posteriore in quo pro parte solum scriptus sit hæres, etiam infirmari potest ; nemo enim pro parte testatus et pro parte bonorum intestatur decidere potest. Hæres pro parte institutus reliquam partem hæreditatis ergo habebit jure accrementi, simul ac institutus esset ex toto asse. Attamen si defunctus verbis conceptis significavit, se primum testamentum nec velle infirmari ulterius fidei commissum dicemus; et hunc, in eo institutus hæres, primo hæredi hæreditatem restituere debebit, quartâ falcidiâ, pro suâ parte deductâ.

De testamento irrito.

Testamenta jure facta infirmantur, cum is qui fecit testamentum, capite diminutus fit ; hoc casu irrita fieri testamenta dicuntur. Minimâ capitis diminutione simul ac majore et mediâ irritum fit testamentum, putà : quum pater familias filius fit per adoptionem, rumpitur ejus testamentum ; hâc ratione quia filius familias factionem activam non habet, nisi tamen de peculio vel jure militari testatus sit. Secundum jus civile etiamque honorarium, nemo justum testamentum facere potest, nisi sit liber, civis romanus et pater familias, tempore quo peregit testamentum et quoque tempore mortis. Quod attinet tamen ad magnam capitis deminutionem, quæ libertatis amissione advenit, fictionibus juris postliminii et legis corneliæ juvantibus, testamentum firmabatur ; fictione enim legis corneliæ ille qui in servitudine moriebatur, mortuus ante servitudinem videbatur. Firmabatur etiam testamentum illius qui mediam capitis diminutionem passus erat, cum tempore mortis inter cives romanos numerabatur; et idem illius qui minimam capitis deminutionem passus erat, cum pater familias moriebatur, vel per emancipationem, vel morte sui patris. In his casibus instituo hæredi bonorum possessionem secundum tabulas testamenti prætor tribuit, si modo scriptum sit testamentum vel à septem testibus signatum.

Quædam altera causa infirmationis testamenti invenitur; cùm institutus hæres hæreditatem vel non vult vel nequit adire ; hujus modi testamentum nec ruptum nec irritum, sed destitutum sive desertum dicebatur.

Nullum adhuc erit testamentum, quod laceraverit vel deleverit testator. Hoc enim significat satis intestatum quemdam obire velle.

Alia est demùm causa testamenti infirmandi; ea est ex non officio pietatis facto testamento orta. De eâ causâ non mihi dicendum est.

CODE CIVIL.

LIV. III, TIT. V. — DU CONTRAT DE MARIAGE.

(Art. 1441 à 1495.)

De la Dissolution de la Communauté.

Quatre causes, dit l'art. 1441, la mort naturelle, la mort civile, la séparation de corps et la séparation de biens emmènent la dissolution de la communauté; mais comme de ces quatre causes la dernière seule rentre dans notre sujet, nous laissons les autres et nous arrivons à elle, la séparation de biens.

On distingue deux sortes de séparations de biens, celle qui est stipulée dans le contrat de mariage, et que lon nomme contractuelle, et celle qui provient d'un jugement et que l'on nomme judiciaire.

La séparation de biens est une ressource donnée à la femme pour échapper à la mauvaise administration du mari; elle porte une grave atteinte aux conventions matrimoniales qui, comme on sait, en principe, ne peuvent recevoir aucun changement après la célébration du mariage.

Il suit de là qu'elle ne peut être demandée que par elle, que la justice seule peut l'accorder, et que les causes qui la feront obtenir doivent être restreintes.

En effet, elle ne peut être poursuivie que par la femme dont la dot est en péril, et lorsque le désordre des affaires du mari donne lieu de craindre que les biens de celui-ci ne soient point suffisants pour remplir les droits et reprises de la femme.

Ici se place naturellement la question de savoir si la femme qui n'a pas apporté de dot peut pareillement demander la séparation de biens. Nous répondons affirmativement. Une femme, en se mariant sous le régime de la communauté, n'apporte rien en dot, plus tard elle se livre à un commrce quelconque, elle fait des gains considérables qui rentrent comme objets mobiliers dans les biens de la communauté; le mari en a donc l'administration, et cette administration est telle qu'il dissipe les biens que la femme a amassés à grand'peine. Ces biens, selon nous, forment la dot, et une dot bien préférable à laquelle on ne finit pas d'ajouter. Qu'on ne dise donc pas qu'il n'y a pas de dot.

La séparation de biens, nous l'avons dit plus haut, porte une grave atteinte aux conventions matrimoniales, elle enlève au mari l'administration des biens que la femme avait apportés à la communauté. Les garanties des créanciers sont donc diminuées d'autant; de leur côté, les créanciers de la femme sont aussi intéressés à connaître si leur débitrice se trouve dans une position plus ou moins avantageuse. Et voilà pourquoi on a déclaré toute sépara tion de biens volontaire nulle, et pourquoi on l'a entourée de tant de moyens de publicité.

Les intérêts des créanciers méritaient toute la sollicitude du législateur; elle ne leur a pas manqué, et le meilleur moyen de le prouver c'est, sans nul doute, d'exposer les formalités que l'on exige.

La femme poursuit en justice la demande en séparation de biens, sans qu'elle donne lieu au préliminaire de l'essai en conciliation, l'autorisation préalable du président donnée sur une requête présentée a dû être obtenue. Dans les trois jours qui suivent cette demande, l'avoué constitué par la demanderesse remet au greffier un extrait de la demande qui contient la date, le nom, domicile de l'avoué, les noms, prénoms et domicile des époux. Cet extrait est inscrit sans délai sur un registre, un extrait semblable est exposé en l'auditoire du tribunal de première instance, du tribunal de commerce, en la chambre des avoués et celle des notaires. De plus, la femme doit le faire insérer dans un des journaux du département. Tout à peine de nullité.

Un mois après le tribunal statue, que les créanciers ou le mari aient formé ou non opposition.

Ce jugement rendu, il est lu à l'audience du tribunal de commerce, extrait en est exposé pendant un an en l'auditoire du tribunal civil, et aussi en celui du tribunal de commerce, que le mari exerce ou n'exerce pas la profession de négociant. S'il n'existe pas de tribunal de commerce dans le lieu du domicile du mari, cet extrait est placé dans la Maison-Commune. La chambre des avoués et des notaires en possèdent aussi chacun un. Ce n'est qu'après l'observation de ces formalités que la femme peut commencer à poursuivre l'exécution.

Ainsi, il est impossible que les créanciers ignorent le changement qui s'opère dans les garanties que les époux présentaient. Eh bien ! cela ne suffit pas. Le législateur craint encore que la séparation de biens ne soit demandée que pour frauder les intérêts des tiers, et il a déclaré que la séparation de biens, quoique prononcée en justice , serait nulle , si elle n'était point exécutée par le paiement réel des droits et reprises de la femme, effectué par acte authentique, jusqu'à concurrence des biens du mari, ou au moins par des poursuites commencées dans la quinzaine qui a suivi le jugement, et non interrompues depuis.

La force des choses a fait admettre la séparation de biens, mais à regret, semble-t-il , et l'art. 1451 enseigne à rétablir la communauté. La communauté dissoute par la séparation , soit de corps et de biens, soit de biens seulement, peut être rétablie du consentement des deux parties. Elle ne peut l'être que par acte passé devant notaire et vec minute, dont une expédition doit être affichée dans la forme de l'art. 1445. En ce cas , la communauté retablie reprend son effet du jour du mariage ; les choses sont remises au même état que s'il n'y avait point eu de séparation , sans préjudice néanmoins de l'exécution des actes, qui , dans cet intervalle , ont pu être faïts par la femme , en conformité de l'art. 1449. Toute convention par laquelle les époux rétablissent leur communauté sous des conditions différentes de celles qui la réglaient antérieurement est nulle.

Quels effets produit la séparation de biens ? D'abord la dissolution de la communauté, comme nous l'avons déjà dit plus haut ; puis elle rend à la femme la libre administration de ses biens; mais elle ne relâche aucunement le lien du mariage, et la femme doit contribuer proportionnellement à ses facultés et à celles du mari , tant aux frais du ménage qu'à ceux d'éducation des enfants communs,

La femme reprend la libre administration de ses biens , avons· nous dit. A quelles conditions?

Elle peut disposer de son mobilier et l'aliéner. Quant à l'aliénation de ses immeubles, le consentement du mari , ou à son refus, l'autorisation en justice lui devient nécessaire.

La responsabilité du mari change selon qu'il accorde ou qu'il refuse le consentement.

Si la femme aliène en sa présence et avec son consentement, il est garant du défaut d'emploi ou du remploi du prix qui en provient, mais il ne l'est point de l'utilité de cet emploi. Si, au contraire, le bien immeuble est aliéné sous l'autorisation de justice, il n'est pas garant de l'emploi ou du remploi, à moins, en ce cas, qu'il n'ait concouru au contrat, ou qu'il ne soit prouvé que les deniers ont été reçus par lui, ou ont tourné à son profit.

La séparation de biens ne donne pas ouverture aux droits de survie de la femme, mais elle conserve la faculté de les exercer lors de la mort naturelle ou civile de son mari.

De l'acceptation et de la renonciation.

Il semblerait résulter de l'acceptation de la communauté faite par les époux, toute impossibilité pour eux de renoncer aux avantages comme aux désavantages qu'elle procure. Il n'en est pas ainsi. Priver la femme de la renonciation, c'était lui faire une position insoutenable, c'était la charger d'une responsabilité pareille à celle du mari, et cela pour des actes auxquels elle ne pouvait pas prendre la moindre part, puisque la loi confie l'administration des biens au chef de la famille seul. Le législateur a donc accordé à la femme le droit d'accepter ou de renoncer à la communauté, lors de la dissolution ; il a même déclaré que toute convention contraire serait nulle, pensant avec juste raison que si on lui permettait de faire abandon de ce droit, cet abandon deviendrait de style dans les contrats de mariage.

L'acceptation est tacite ou expresse : tacite, lorsque la femme s'est immiscée dans les biens de la communauté, lorsqu'elle a récélé ou diverti des objets appartenant à cette communauté, lorsqu'elle a cédé ses droits, parce qu'elle ne pouvait faire ces actes que comme co-propriétaire de la communauté ; expresse, quand la femme majeure a pris dans un acte le titre de commune. Si, toutefois, les héritiers du mari ont employé le dol et l'ont ainsi entraînée à prendre cette qualité, elle pourra revenir sur son acceptation. Rien de plus conforme à la justice.

La renonciation se fait au greffe du tribunal de première instance dans l'arrondissement duquel le mari avait son domicile. Trois mois sont accordés pour dresser l'inventaire, et quarante jours pour délibérer. Si la femme laisse expirer ce délai, elle est considérée comme commune, et peut être poursuivie comme telle. Perd-t-elle pour cela la faculté de renoncer ? Non, si elle ne s'est pas immiscée et qu'elle ait fait inventaire. Mais les frais faits contre elle jusqu'à sa renonciation demeurent à sa charge.

Comme on le voit, la femme doit déclarer sa renonciation dans ces trois mois, et quarante jours sous peine d'être traitée comme commune. Ce délai n'est pas de rigueur cependant, et la femme qui le trouve insuffisant peut en demander la prorogation, contradictoirement avec les héritiers du mari ou ceux dûment appelés.

Ces règles, dont nous venons de parler, s'appliquent de même aux héritiers de la femme qui, comme il a été déjà dit, jouissent aussi du droit de renoncer ou d'accepter la communauté ; mais le délai varie pour eux selon l'époque de la mort de celle à qui ils succèdent.

Si la veuve meurt avant l'expiration des trois mois sans avoir fait ou terminé l'inventaire, les héritiers auront pour faire ou terminer l'inventaire, un nouveau délai de trois mois à compter du décès de la veuve, et de quarante jours pour délibérer, après la cloture de l'inventaire.

Si la veuve meurt ayant terminé l'inventaire, ses héritiers auront pour délibérer un nouveau délai de quarante jours à compter de son décès.

Rien ne peut empêcher la femme ou les héritiers de renoncer, quand ils le veulent; mais les créanciers prétendent que la renonciation a été faite en fraude de leurs droits, faut-il les débouter de leur demande qui s'appuie sur la vérité et la justice? on leur a permis d'accepter de leur chef.

Nous voici arrivés à l'article 1465 qui s'occupe de quelques avantages que le législateur a faits à la femme, avantages qui lui sont personnels et qu'elle ne peut transmettre à ses héritiers. Nous ferons mieux en le copiant.

La veuve, soit qu'elle accepte, soit qu'elle renonce, a droit pendant les trois mois et quarante jours qui lui sont accordés pour faire inventaire et pour délibérer, de prendre la nourriture et celle de ses domestiques sur les provisions existantes, et à défaut, par emprunt au compte de la masse commune, à la charge d'en user modérément.

Elle ne doit aucun loyer à raison de l'habitation qu'elle a pu faire pendant ces délais, dans une maison dépendant de la communauté, ou appartenant aux héritiers du mari; et si la maison qu'habitaient les époux à l'époque de la dissolution de la communauté, était tenue par eux à titre de loyer, la femme ne contribuera pas pendant les mêmes délais au paiement dudit loyer, lequel sera pris sur sur la masse.

Du Partage de la Communauté.

Voyons maintenant comment se partage l'actif, et la manière dont est supporté le passif après l'acceptation de la communauté par la femme ou ses héritiers. Nous adopterons la division claire et naturelle qu'a suivi le code.

De l'actif.

L'article 1468 porte : les époux ou leurs héritiers rapportent à la masse des biens existants tout ce dont ils sont débiteurs envers la communauté à titre de récompense ou d'indemnité.

L'art. 1437 s'exprime ainsi : Toutes les fois qu'il est pris sur la communauté une somme, soit pour acquitter les dettes ou charges personnelles à l'un des époux, telle que le prix ou partie d'un immeuble à lui propre ou le rachat de services fonciers, soit pour le recouvrement, la conservation, à l'amélioration de ses biens personnels, et généralement toutes les fois que l'un des deux époux a tiré un profit personnel des biens de la communauté, il en doit récompense.

Ajoutons à ces deux articles l'article 1469 : Chaque époux ou son héritier rapporte également les sommes qui ont été tirées de la communauté, ou la valeur des biens que l'époux y a pris pour doter un enfant d'un autre lit, et pour doter personnellement l'enfant commun, et nous aurons déterminé parfaitement la nature des rapports.

Les rapports sont réels ou fictifs : réels, quand les époux apportent réellement à la masse ce qui lui est dû; fictifs, dans le cas contraire. Généralement les rapports s'opèrent en moins prenant.

On appelle prélèvement ce que les époux prennent et ont le droit de prendre sur les biens de la communauté avant qu'il soit procédé au partage. Ils prélèvent tous les biens qui n'étaient pas devenus communs, tels que les immeubles, les biens personnels, les indemnités que leur doit la communauté, et le prix des immeubles dont il n'a pas été fait remploi.

Le droit des deux époux diffère à l'égard de ces prélèvements.

D'abord, la femme les exerce toujours avant le mari. D'un autre côté, le mari ne peut avoir recours qu'aux biens de la communauté pour être payé des indemnités ou autres dettes de la communauté envers lui, tandis que la femme obtient le remboursement non-seulement sur les biens communs, mais encore sur ceux qui sont personnels au mari. Cette différence de droits est la conséquence nécessaire de la différence des positions faites aux conjoints pendant le mariage.

Les rapports et les prélèvements sont opérés, la masse est réduite à sa véritable valeur, il ne s'agit plus que de la partager, donnant moitié au mari, moitié à la femme.

Si l'acceptation a été faite par les héritiers de la femme, et que tous aient accepté, ils partagent entre eux la moitié due à celle qui leur a transmis la succession. Si au contraire, les uns ont accepté, les autres renoncé, au lieu d'accroître aux cohéritiers, comme en matière de succession, la part des renonçants accroît au mari, et celui-ci n'est tenu envers eux, des droits que la femme aurait pu exercer en cas de renonciation, que jusqu'à concurrence de leurs portions viriles respectives.

Au surplus, les règles à suivre pour tout ce qui concerne les formes du partage, sont établies au titre des successions, et l'art. 1476 y renvoie.

Remarquons que les intérêts doivent à la communauté, ou que la communauté doit aux époux, couvrent à partir de la dissolution au lieu de courir à partir de la demande. C'est une exception aux principes généraux qui régissent cette matière.

Du passif.

Après avoir partagé l'actif, le législateur, pour être équitable, devait faire peser le passif sur les deux époux par portions égales. En effet, il pose en principe dans l'article 1482 qu'ils répondent par moitié chacun des dettes de la communauté.

Dans l'article suivant, il établit une exception en faveur de la femme; elle n'est tenue, dit-il, des dettes de la communauté que jusqu'à concurrence de son émolument. Mais si la femme veut profiter de ce privilége, il faut qu'elle n'oublie pas la condition imposée d'avoir fait bon et fidèle inventaire, et de rendre compte tant du contenu de cet inventaire, que de ce qui lui est échu par le partage.

Tel est le principe; mais ici comme quand il s'agit d'actif, la position des époux met de la différence dans leurs droits.

Le mari peut être poursuivi pour la totalité des dettes de la communauté, sauf son recours à la femme pour la moitié dont elle est tenue. Celle-ci, au contraire, ne peut jamais être poursuivie que pour la moitié, à moins que la dette ne soit solidaire. S'il arrive que la femme ait payé plus de la moitié sans déclarer qu'elle n'entendait s'acquitter que pour sa part, elle n'a pas droit au remboursement de l'excédant; dans le cas contraire, elle est restituable.

S'agit-il des dettes personnelles à la femme, et qui sont tombées dans la communauté, les créanciers peuvent diriger leur poursuite, pour la totalité, contre la femme. C'est à elle à ouvrir son recours contre le mari, qui répond de la moitié de ces dettes.

Que l'immeuble hypothéqué tombe en partage au mari ou à la femme, celui des deux époux à qui il est échu est poursuivi pour la totalité. Il a de droit, dit l'article 1489, son recours pour la moitié contre son conjoint.

N'oublions pas de mentionner le deuxième paragraphe de l'article 1490, qui donne en principe le droit de recours ; toutes les fois que l'un des copartageants a payé des dettes de la communauté au-delà de la portion dont il était tenu, il y a lieu au recours de celui qui a trop payé contre l'autre.

Des effets de la Renonciation.

La femme qui renonce fait abandon des biens qui constituent la communauté. Ainsi, des biens mobiliers et immobiliers qu'elle avait apportés, elle ne reprend que ses immeubles. Elle prélève aussi ses linges et hardes.

En compensation, elle n'est plus tenue de la contribution aux dettes, ni à l'égard du mari, ni à l'égard des créanciers.

Cette règle cependant perd sa force dans deux cas que nous avons déjà vus, en traitant de l'actif; le premier, quand elle s'est obligée conjointement avec son mari, et le second, quand les dettes ont été contractées par elle avant le mariage, et qu'elles sont devenues par conséquent communes.

Pour les actions et les reprises, la femme les exerce sur les biens personnels du mari et sur ceux de la communauté, qui deviennent la propriété du mari par la renonciation qu'elle en a fait.

Quant aux héritiers, ils peuvent exercer tous les droits de la femme, à l'exception de ceux que la loi désigne comme lui étant purement personnels.

CODE DE PROCÉDURE.

TITRE XXI.

De la Récusation.

Le magistrat, une fois sur le siége, ne doit plus écouter que la voix de la justice. Il doit oublier son intérêt particulier, résister à l'entraînement des passions, demeurer inébranlable devant toutes les séductions. N'est-ce pas trop demander à la nature humaine ? Non, car s'il était impossible de trouver ces qualités réunies dans un magistrat, il n'y aurait pas de justice à attendre. Cependant, on est forcé de l'avouer, il se rencontre des circonstances telles qu'il serait imprudent de ne pas permettre au juge de s'abstenir. Son impartialité risquerait de succomber, et voilà les motifs pour lesquels on a admis les causes de récusation.

Il y a lieu à récusation toutes les fois que le juge paraît suspect de partialité envers l'une des parties, et les causes suivantes donnent naissance à ces soupçons.

Première cause. Relation intime entre le juge et les parties, ou l'une d'elles.

1º Quand le juge se trouve parent ou allié de toutes les parties jusqu'au degré de cousin issu de germain inclusivement.

2º Quand le juge se trouve parent ou allié de l'une des parties seulement jusqu'au degré de cousin issu de germain inclusivement.

3º Si la femme du juge est parente ou alliée de l'une des parties jusqu'au degré de cousin issu de germain inclusivement.

4º Si le juge est parent ou allié de la femme de l'une des parties jusqu'au degré de cousin issu de germain inclusivement.

Pour que la récusation ait force contre le juge, il faut, dans le troisième et quatrième cas, que sa femme ou que celle de la partie soit vivante, ou que si elle est décédée, il en en existe encore des enfants.

Cependant, lors même qu'il n'existe pas d'enfants issus du mariage dissous par la mort de la femme, les beaux-pères, les gendres, ni les beaux-frères ne peuvent être juges les uns ni les autres.

5º Le juge héritier présomptif de l'une des parties à quelque degré que ce soit, à moins que sa parente ne soit éloignée au-delà du douzième degré, degré comme on sait, à partir duquel lesparents ne se succèdent plus les uns aux autres.

6º Dans le cas contraire, si une des parties du procès est reconnue pour être l'héritière présomptive du juge.

7º Le juge donataire de l'une des parties, qu'il soit donataire de biens présents ou de biens à venir. L'article 378 ne parle pas du juge donateur ; on ne peut donc le récuser, car cet article est limitatif. Cependant, je dois avouer qu'il me semble mériter d'être placé dans les mêmes conditions, car les mêmes motifs de décider se présentent.

8º Si depuis le commencement du procès, le juge a bu, mangé, avec l'une des parties, dans la maison de cette même partie. S'ils se sont rencontrés chez un tiers, ou même si la partie s'est assise à la table du juge, il n'y a pas lieu à récusation.

9° Si le juge est tuteur, subrogé-tuteur ou curateur de l'une des parties ; s'il est administrateur d'un établissement , d'une société, les motifs de récusation s'évanouissent , si le tuteur , subrogé-tuteur, curateur, ou administrateur n'a aucun intérêt dans la cause, quand même il toucherait au juge par la parenté ou l'alliance.

10° Si le juge est maître de l'une des parties.

11° Si le juge est commensal de l'une des parties.

12° Si le juge a sollicité auprès de ses collègues ou s'il a fait de démarches qui témoignent de l'intérêt qu'il prend au succès de l'une des parties.

Deuxième cause. Animosité du juge contre l'une des parties.

1° Lorsqu'il existe une inimitié capitale entre le juge et l'une des parties. Il ne suffit pas de l'énoncer , il faut qu'elle soit appuyée sur des faits graves, précis. On entend par inimitié capitale une de ces haines manifestées, par exemple, par la perte d'un gros intérêt, par des duels, par le meurtre d'un de nos proches.

2° Si depuis l'instance ou dans les six mois qui l'ont précédée, le juge s'est porté à des injures, menaces contre l'une des parties. On ne pouvait admettre , on le conçoit sans peine , ces motifs de récusation quand il s'agissait de menaces faites par l'une des parties contre l'un des juges. La mauvaise foi n'aurait pas manqué de courage pour prodiguer les insultes, et rendre ainsi la solution des procès impossible.

3° Si dans les cinq ans qui ont précédé la demande en récusation, le juge, sa femme ou l'un de ses parents ou alliés dans la ligne directe, a soutenu un procès contre l'une des parties, son conjoint, ou l'un de ses parents ou alliés dans la ligne directe.

Troisième cause. Le juge est sous la dépendance de l'une des parties.

1° Si le juge, sa femme, leurs descendants, et descendants ou alliés dans la ligne directe sont débiteurs de l'une des parties;

3

2° Si le juge a reçu quelques présents de la part de l'une des parties ;

3° Si le juge a un procès devant le tribunal où siége comme juge l'une des parties.

Quatrième cause. Intérêt pécuniaire du juge à ce que l'une des parties gagne son procès.

1° Si le juge a fourni aux frais du procès; si le juge est créancier de l'une des parties ;

2° Si le juge, sa femme, leurs ascendants ou alliés dans la ligne directe ont un différend sur une question pareille à celle dont il s'agit entre les parties.

Cinquième cause. Le juge a ouvert son avis sur la question que le procès présente à plaider.

Lorsqu'il a été le conseil de l'une des parties, qu'il a plaidé ou écrit sur le différend, qu'il a déposé dans l'affaire en qualité de témoin.

Ces causes de récusation ne peuvent être invoquées que par les parties en faveur desquelles elles ont été établies. Pour adresser une demande, il faut un intérêt, un droit. De son côté, le juge, s'il reconnaît exciter des motifs de récusation contre lui, doit les déclarer au tribunal qui, seul, est habile à décider s'ils sont puissants ou non, à rejeter ou à admettre la récusation.

Les personnes qui remplissent les fonctions de juge ou de ministère public, sont celles que l'on peut récuser. C'est ici le cas et le lieu de distinguer entre le ministère public, partie principale, et le ministère public partie jointe.

Le ministère public est partie principale dans les causes où il agit pour et au nom de l'une des parties, dont la loi lui a confié les intérêts. Quand en vertu de l'art. 114 du code civil, il forme une demande d'un présumé absent auquel on ne juge pas à propos de faire nommer un curateur; quand en vertu de l'art. 184 du même code, il demande la nullité d'un mariage contracté par des individus auxquels la loi défendait de se marier ensemble. En ces cas, il est l'adversaire de l'autre partie, il représente le présumé absent ou la société, et il est traité comme tel.

Il est partie jointe dans les causes qui concernent les personnes, les tutelles, et les conclusions qu'il prend alors peuvent exercer une grande influence sur le jugement, et par conséquent nuire à l'une des parties, s'il a intérêt à ce que l'autre obtienne gain de cause.

Disons maintenant, en deux mots, que la récusation doit être présentée avant le commencement de la plaidoirie dans les affaires qui s'instruisent sur simple plaidoirie, et avant la fin de l'instruction dans celles qui s'instruisent par écrit, et arrivons aux formes exigées.

La récusation sera proposée par un acte au greffe, qui en contiendra les moyens, et sera signé de la partie ou du fondé de sa procuration authentique et spéciale.

Dans les vingt-quatre heures qui suivent cet acte, le greffier en donne expédition au président, qui en ordonne la communication au ministère public; la cause est portée à l'audience; le président lit son rapport; le ministère public pose ses conclusions, et le tribunal décide s'il doit admettre ou rejeter.

Si la récusation est admise, le tribunal ordonne la communication de l'acte de récusation au juge récusé, pour qu'il s'explique sur les causes qu'on fait valoir, qu'il les déclare fausses ou conformes à la vérité; la communication aussi au ministère public, car il doit conclure. De plus, le tribunal nomme un juge rapporteur et fixe dans ce jugement le jour où il devra statuer.

Dans le délai prescrit au jugement, le juge doit faire sa déclaration, et elle est annexée à l'acte de récusation déposé au greffe. A partir de ce moment, tous les jugements ou opérations sont suspendus, à moins qu'on ne prétende cause d'urgence, urgence qui est laisssée à la libre appréciation du tribunal.

Si la récusation est rejetée, le tribunal le déclare, et condamne le demandeur à une amende qui ne peut être moindre de cent francs.

Le juge peut obtenir des dommages-intérêts, mais le tribunal ne peut les accorder que sur sa demande, et alors il doit s'abstenir de juger, car, par cette demande, il a fait preuve de ressentiment contre la partie qui l'avait récusé.

Reste la ressource de l'appel. Tout jugement qui intervient sur récusation est susceptible d'appel, même dans les matières où le tribunal prononce en dernier ressort. Ainsi s'exprime l'art. 391.

L'appel doit être interjeté dans les cinq jours qui suivent le jugement, par acte au greffe, énonçant les motifs sur lesquels on s'appuie, et la déclaration du dépôt au greffe des pièces que l'on fait valoir.

Trois jours après, et cela sur la requête et aux frais de l'appelant, le greffier du tribunal de première instance est tenu d'envoyer au greffier de la cour royale l'expédition, 1° de l'acte de récusation, 2° du jugement d'admission, 3° de la déclaration du juge qui se trouve au bas de cet acte, 4° du jugement, 5° de l'appel, 6° des pièces qui lui servent de fondement.

Dans les trois jours de la réception des pièces, le greffier de la cour royale les présente au président qui nomme un rapporteur, et indique le jour où il sera entendu; ce jour venu, on entend le rapport, le ministère public entend ses conclusions, et il est statué sur l'appel, l'admission ou le rejet est ordonné.

Pour terminer, citons les art. 395 , 396 du Code de procédure civile.

Dans les vingt-quatre heures de l'expédition du jugement, le greffier de la cour royale renverra les pièces à lui adressées au greffier du tribunal de première instance.

L'appelant sera tenu, dans le mois du jour du jugement de première instance, qui aura rejeté la récusation, de signifier aux parties le jugement sur l'appel, ou certificat du greffier, contenant que l'appel n'est pas jugé, et indication du jour déterminé par la cour : sinon le jugement, qui aura rejeté la récusation, sera exécuté par provision; et ce qui sera fait en conséquence sera valable encore que la récusation fût admise sur l'appel.

CODE DE COMMERCE.

Des contestations entre associés.

La juridiction arbitrale occupe le premier degré dans notre organisation judiciaire; les arbitres sont de véritables juges en matière de société, et la preuve c'est que leurs sentences ne peuvent être attaquées que par l'appel en cour royale ou le pourvoi en cassation, recours, du reste, que les parties peuvent s'interdire. Il ne faut pas perdre de vue que les arbitres ne sont compétents que pour juger des contestations sociales et non le fait d'existence d'une société. L'arbitrage forcé est une exception qui doit être rigoureusement restreinte.

La nomination des arbitres se fait par un acte sous signature privée, par acte notarié, par acte extra-judiciaire , par un consentement donné en justice; l'acte même de société peut désigner les arbitres qui devront juger les contestations ; et comme cette convention n'intéresse les tiers en aucune manière, il n'est pas indispensable de donner à cette clause la publicité de l'enregistrement.

Celui qui provoque la formation d'un tribunal arbitral doit signifier aux autres associés la nomination de ses arbitres , avec requête de faire leur choix à leur tour et d'en donner la notification. Si un ou plusieurs associés refusent de nommer leurs arbitres ou les choisissent parmi des personnes incapables de remplir cette mission, le tribunal de commerce doit les nommer d'office.

De cette vérité que le tribunal occupe un degré de juridiction , que les arbitres sont de véritables juges, il faut déduire cette conséquence, que leurs jugements sont régis par les mêmes lois que les jugements ordinaires , et qu'autour d'eux doivent régner la même confiance et les mêmes garanties , le silence de la loi n'a pas fait dire que les arbitres étaient à l'abri de la récusation. Après les avoir investis de tous les pouvoirs, avait-elle besoin de les soumettre aux mêmes règles , pouvait-elle d'ailleurs consacrer une exception qui imposerait à un homme qui plaide, un juge que tant de raisons légitimes peuvent lui rendre suspect.

Le délai dans lequel le jugement doit être rendu, est fixé par les parties lors de la nomination des arbitres, et en cas de désaccord et à leur défaut par le juge.

De même que l'intervention du tribunal de commerce avait été nécessaire pour la nomination des arbitres en cas de désaccord , de même il devait lui appartenir de mettre un terme à de trop longs retards. Ce droit une fois accordé, ne serait-il pas déraisonnable de lui contester celui de prononcer une prorogation quand l'une des parties la demande, et qu'il la reconnaît utile?

Si les parties comparaissent devant les arbitres après l'expiration du délai, leur comparution fait présumer de plein droit une prorogation de pouvoir; mais si de leur silence , les arbitres concluaient que leur pouvoir dure encore, s'ils prononçaient sans une prorogation, ou expresse ou tacite , leur sentence serait nulle , car elle émanerait d'hommes incompétents et sans pouvoir.

Une des causes principales de l'exception arbitrale a été le besoin d'échapper en faveur du commerce aux longues formalités de la procédure; aussi les articles 56 et 57 disent-ils qu'il ne doit être fait devant les arbitres aucune formalité de procédure. Chaque partie remet ses pièces, et l'associé en retard est sommé de les remettre dans lesdits jours. Suivant l'exigence des cas , les arbitres peuvent aussi proroger le délai pour la remise des pièces, et, par conséquent, pour le jugement. Mais comme cette faculté pouvait donner naissance à d'interminables retards, l'art. 59 prévient cet abus; il ordonne aux arbitres de juger sur les seules pièces remises.

En cas de partage, les arbitres nomment un sur-arbitre ; s'il n'est nommé par le compromis, si les arbitres sont discordants sur le choix, le sur-arbitre est nommé par le tribunal de commerce.

Le tiers-arbitre doit prononcer dans le délai d'un mois. Si ce délai s'écoule sans qu'il ait statué, les parties peuvent provoquer un choix; et pour lui comme pour les arbitres primitifs, il y aurait nullité dans la décision, s'il la rendait après le délai fixé.

Les arbitres forcés tenant leurs droits de la loi peuvent prononcer la contrainte par corps.

Le jugement arbitral doit être motivé ; il est déposé au greffe du tribunal de commerce, lequel est tenu de la rendre pure et simple dans le délai de trois jours du dépôt du greffe.

L'ordonnance d'exécution doit être donnée par le président du tribunal de commerce du lieu où se fait l'opération.

Les veuves, les héritiers ou les ayant-cause des associés sont soumis à toutes ces dispositions.

La loi autorise la renonciation à l'appel; mais lorsque des mineurs sont intéressés dans une contestation, elle défend au tuteur de faire abandon de ce droit.

L'article 1013 dit implicitement que le décès de l'auteur d'un compromis anéantit ce compromis, si parmi ses héritiers se trouve un mineur, puisque cet article ne laisse subsister un compromis que dans le cas où tous les héritiers sont majeurs. Autre protection accordée à la faiblesse du mineur.

Toutes les actions contre les associés non-liquidateurs et leurs veuves, héritiers ou ayant-cause, sont prescrites cinq ans après la fin ou la dissolution de la société, si l'acte de société qui en énonce la durée ou l'acte de dissolution a été affiché et enregistré conformémént aux articles 42, 43, 44, 46, et si depuis cette formalité remplie, la prescription n'a été interrompue à leur égard par aucune poursuite judiciaire.

DROIT ADMINISTRATIF.

Des actions. — Au nom de qui sont exercées les actions concernant l'état , les départements , les communes et les établissements publics ?

La manière dont est posée la question nous trace la division que nous devons adopter dans notre travail. Nous examinerons donc dans cet ordre : les actions concernant l'état , celles des départements, des communes, et celles des établissements publics.

Actions concernant l'Etat.

L'autorisation préalable n'est pas nécessaire. Les ministres exercent les actions chacun dans la matière qui le regarde. Les préfets les portent aussi devant les tribunaux compétents, mais en ce cas ils sont tenus de se conformer aux instructions du gouvernement. Le conseil de préfecture ne peut jamais en connaître. Comme on va voir, la différence est grande entre l'état et les autres personnes morales.

Actions concernant le département.

Le préfet chargé de veiller aux intérêts du départemen'

qui lui est confié, est le représentant nécessaire de cette per-
sonne morale. Aussi le législateur lui a confié le soin de sou-
tenir ses droits. Mais exercera-t-il seul les actions? Il lui faut
le secours des délibérations du conseil général, et l'autorisation du roi en son conseil d'état. Veut-il se pourvoir devant un
autre degré de juridiction? une nouvelle autorisation devient nécessaire. Pourquoi, a-t-on dit, exiger cette seconde autorisation,
la première ne suffit-elle pas, pourquoi apporter cette restriction à
un pouvoir déjà accordé? Le procès peut se présenter sous un
point de vue nouveau, a-t-on répondu; par l'arrêt déjà rendu, on
peut comprendre qu'il est d'un véritable intérêt d'abandonner la
cause, il faut alors pouvoir empêcher de nouvelles poursuites.

Nous voyons déjà que le préfet exerce les actions de l'état et du
département, sera-t-il donc en cause et pour l'un et pour l'autre,
si leurs intérêts deviennent contraires? se trouvera-t-il demandeur
et défendeur tout à la fois? C'est impossible. Dans ce cas, le plus
ancien conseiller de préfecture prend les intérêts du département
contre le préfet représentant de l'état, et la difficulté cesse.

S'il s'agit de défendre à une action, il suffit au préfet des délibérations du conseil général. Dans les cas d'urgence, il peut même
intenter une action ou y défendre sans délibérations du conseil
général ni autorisation préalable.

Actions concernant les communes.

Pour intenter une action, la commune ou section de commune
doit obtenir l'autorisation du conseil de préfecture. Après jugement intervenu, la commune ne peut se pourvoir devant un autre
degré de juridiction qu'en vertu d'une nouvelle autorisation du
conseil de préfecture. Ainsi s'exprime l'article 40 de la loi du 18
juillet 1837. Mais l'exception marche toujours à côté de la règle,
et l'article 55 de la même loi permet au maire d'inventer toute

4

action possessoire ou d'y défendre, et de faire tous autres actes conservatoires ou interruptifs des déchéances sans autorisation préalable.

L'autorisation est accordée ou refusée. En cas de refus, la décision du conseil de préfecture doit être motivée. Si, au contraire, la commune pouvait avoir des chances de succès, le conseil de préfecture autorise, mais sans mentionner les motifs déterminants. Les indiquer serait les fournir aux juges appelés à statuer sur la question. Ce serait là, on le comprend, un inconvénient très-grave.

Malgré le refus cependant, le conseil municipal persiste à intenter l'action. Le maire alors se pourvoit devant le roi en son conseil d'Etat, sans que cet acte ait besoin de passer par les mains du préfet, ce qui occasionnerait de trop grands retards. La loi veut que ce pourvoi soit fait dans les trois mois à partir du refus d'autorisation, sous peine de déchéance. Il est statué selon les formes administratives.

Il peut arriver qu'une commune refuse ou néglige d'exercer des actions. Le contribuable peut en ce cas prendre la place de la commune. Toutefois, certaines conditions doivent être réunies. Il faut qu'il soit inscrit au rôle, que l'action soit de nature communale, qu'il l'intente à ses risques et périls, enfin que la commune ait été préalablement appelée à délibérer, et qu'il y ait refus ou négligence de sa part.

La position faite au contribuable et à la commune est digne de remarque. Si le contribuable obtient gain de cause, tous les avantages reviennent à la commune ; s'il succombe, la commune demeure étrangère à ses pertes, il les supporte seul.

Le plus souvent, au lieu d'intenter une action pour la commune, le contribuable a une action contre elle. Voici la marche qu'il doit suivre. Il adresse au préfet un mémoire exposant les motifs de la réclamation; récépissé lui en est donné. Le préfet l'envoie au maire avec autorisation d'assembler le conseil municipal pour en délibérer. Cette délibération doit être rendue dans les deux mois à partir de la délivrance du récépissé.

Ainsi que nous l'avons déjà dit, une section de commune peut avoir, comme une commune, des actions à intenter, ou elle doit les exercer contre la commune dont elle est portion, ou seulement contre une autre section , ou contre un simple particulier. Selon ces cas, les personnes qui la représentent varient. Quand la discussion s'est élevée contre la commune dont elle est portion, une commission syndicale nommée par le préfet soutient ses intérêts. Il en est de même contre une section. Dans le cas où le particulier est l'adversaire, elle a pour défenseur ce même conseil municipal qui la combattait.

Du défaut d'autorisation naît une nullité que la commune et l'adversaire de la commune peuvent invoquer tous deux.

Un décret du 17 mars 1711 établit que le maire qui a plaidé sans autorisation peut être condamné aux frais.

Actions concernant les établissements publics.

Les établissements publics sont soumis aux mêmes règles que les communes; l'autorisation leur est également nécessaire, quelques-uns cependant sont dispensés de cette tutelle , tels sont les établissements de Charenton , des sourds-muets, celui des Quinze-Vingts.

Quant à intenter les actions, le président du comité, par exemple, les intente pour les bureaux de bienfaisance, le trésorier pour la fabrique , et la commission nommée par le préfet pour les hospices.

Vu par le président de la Thèse ,

DUFOUR.

————

Cette Thèse sera soutenue , dans une des salles de la Faculté de Droit de Toulouse, le 11 *août* 1847.

Toulouse. — Imprimerie de Vᵉ Sens et Janot , rue de l'Orme-Sec , 8.